JN410747

김병완의 마흔 혁명 시리즈 5부작 중 제3권

제목: 마흔, 다시 뜨거워져라

부제: 식어버린 열정을 되살리는 인생의 온도 조절법

" 이 책은 10년 전 출간되어 종합 베스트셀러에도 오른 책의 개정 증보판으로, 독자들이 읽기 쉽고, 휴대에 편하게 하도록, 5부작으로 나누어 5권의 얇은 책 개념으로 시리즈로 출간하여, 부담 없이 독서를 즐기도록 특별 기획한 시리즈임을 알려 드립니다. "

' 위대함의 본질은 다른 사람들이 이성을 잃고 날뛰는 상황 속에서도 차곡차곡 자기실현을 구할 수 있는 능력이다.'

– 웨인 다이어 –

프롤로그_ 40대는 인생을 결정짓는 가장 중요한 시기이다.

“ 자꾸만 내가 흔들리는 이유는 오직 하나, 내 인생이 남의 지문으로 가득하다는 거. 버리자, 더 이상 버릴 게 없는 내 것으로부터 인생을 다시 시작하자. “

_ 알렌 코헨, [내 것이 아니면 모두 버려라] 중에서 _

우리의 40대는 새로운 인생의 최대의 기회이자 위기이다.

우리의 삶은 황량한 겨울 들판일 수도 있고, 이름 모를 꽃들로 뒤덮인 봄의 동산일 수도 있다. 때로는 외롭고 눈물겨운 때도 있고, 마음이 산산이 부서져 내리는 때도 있고, 뛸 듯이 기쁘게 희망에 벅찰 때도 있다.

기쁨과 즐거움, 슬픔과 좌절이 우리의 삶을 씨줄과 날줄로 교차해 나간다 해도 우리는 인생의 절정기인 40대에 반드시 해야 한 일들이 있다는 것을 알게 되었다.

나의 40대는 오랫동안 잠자고 있던 열정이 깨어나는 시기였나. 40대가 되기 전에는 무엇을 해도 실패투성이였다. 아무 쓸모 없는, 아무 가치도 없는, 아무 의미도 없는 무조건 앞만 보고 달리고, 누군가가 시키는 삶을 살았고, 누군가가 원하는 삶을 살았다.

한 마디로 나의 20대와 30대의 삶은 가짜였다. 그런 삶에는 나 자신이 존재할 공간이 없었다는 사실을 뒤늦게 발견했다. 40대의 삶은 진짜 내 인생이고, 진짜 삶이었다. 인생의 풍파를 다 겪어 낸 후 알게 된 진짜 인생을 시작하는 첫 순간은 바로 40대이다. 적어도 나는 그랬다.

이것이 진짜 인생이다. 바로 40을 넘긴 내가 얻어 낸 교훈이며 진실한 내 마음이다. 이것을 얻기 위해 그렇게도 열심히 앞만 보고 달려왔고, 질주를 해 왔다. 이제는 진짜 인생을 살고 싶다. 그렇게 하기 위해 이 책을 썼고, 동시에 그렇게 살고 있기 때문에 이 책을 쓸 수 있었다.

인생 후반을 가슴 뛰는 삶으로 살고 싶다면 40대의 나이에 우리가 반드시 해야 할 일이 있다. 이 세상에는 공짜 점심이란 것이 없다. 심은 만큼 거두고, 뿌린 만큼 열매를 보게 된다. 그러므로 인생 후반을 가슴 뛰게 할 만큼 멋지고 눈부시게 살고 싶다면 그 만큼 멋지고 놀라운 일, 즉 세상을 놀라게 할 만한 일을 시작해야 한다.

40대를 어떻게 보내느냐에 따라서 인생 후반의 삶의 질과 수준이 결정된다고 할 수 있다. 40대에 위대한 일을 시작한 이들을 우리는 알고 있다. 그들이 인생의 후반을 가슴 뛰게 하는 그런 멋진 삶을 살아갈 수 있었던 것은 그들이 그들의 나이 40대에 세상을 놀라게 할 일을 시작할 수 있었기 때문이다.

빅토르 위고가 [레 미제라블]의 집필을 시작한 나이는 44세 때이다. 르네상스의 3대 거장 중 한 명인 레오나르도 다 빈치가 세계 미술사에서 가장 뛰어난 그림 가운데 하나로 손꼽히는 < 최후의 만찬>을 그리기 시작한 시기는 그의 나이 43세 때였다. 중국 최고의 통사인 [사기]를 사마천이 저술에 착수한 시기가 그의 나이 43세 때였고, 증권 거래소 직원이었던 빈센트 반 고흐가 화가의 길로 들어선 것도 바로 그의 나이 43세 때의 일이었다. 신문 기자 출신인 이안 플레밍이 첩보영화의 기념비적인 영화라고 할 수 있고 전 세계인들이 가장 사랑한 스파이 영화인 [007 시리즈]를 쓰기 시작한 시기는 그의 나이 41세 때였다. 평범한 가정주부였던 박완서 작가가 평생 처음으로 전문적으로 글을 쓰기 시작하여 등단했을 때 그의 나이는 정확히 40이었다.

우리들도 이들처럼 40대의 나이에 세상을 놀라게 할 수 있는 일을 시작할 수 있다. 위대한 위인들은 모두 그렇게 시작했다.

그런 점에서 인생에서 가장 중요한 시기를 꼽으라면 필자는 40대라고 말하고 싶다. 30대 까지는 인생이 무엇인지 잘 보이지 않는 시기이다. 하지만 40대는 인생이 무엇인지 조금 보이기 시작하는 시기이고, 바로 그때 사람들은 자신이 진정 무엇을 하고 싶어 하는지? 그리고 자신이 진정 이 세상에서 원하는 것이 무엇인지를 정확하게 발견하게 되고 알게 되는 시기이기 때문이다. 그리고 그때 정말 자신이 하고 싶은 일을 용기를 내어 과감하게 시작하는 이들은 위대한 인생을 경험할 수 있게 되는 것이다.

과거 30년 전만 해도 좋은 대학교를 나와서 좋은 직장이나 직업을 가지게 되면 나머지 인생 동안 큰 문제 없이 살아갈 수 있는 그런 평균 수명이 40에서 50에 불과한 시대에 우리의 인생 선배들이 살았다. 그래서 그 당시에 인생의 절정기는 20대와 30대였다. 20대와 30대 무엇을 하느냐에 따라 나머지 20년인 인생 후반기가 결정되기 때문이다. 하지만 이제는 인간의 평균 수명이 놀랍게 늘어났다. 그래서 80에서 100세 사이를 오가고 있다. 그래서 나이 40세 이전의 삶은 리허설과 같은 삶이 되어

버렸다.

40대 때 새로운 인생을 도전하여 멋지게 인생의 후반기를 살아 내는 사람들이 차츰 많아지기 시작했다. 40대 이후의 40년은 이제 선물로 우리에게 주어졌지만, 그 선물을 어떻게 잘 만들어 나가느냐는 40대의 나이에 무엇을 어떻게 준비하고 어떻게 살아 나가느냐에 달려 있다고 말할 수 있다. 그러므로 이제는 인생의 절정기는 40대이다.

인생에서 가장 중요한 시기는 20대가 아니고, 30대도 아니고, 이제는 40대이다. 40대 때 반드시 해야 할 50가지를 통해 인생 후반기를 잘 준비해 보자.

이 책은 20대를 넘어 30대까지 아무 쓸모 없이 앞만 보고 달린 사람들을 위한 책이다. 40대야 말로 가장 찬란하고 가장 눈부신 인생을 살아갈 수 있게 해 주는 위대한 인생의 가장 빛나는 순간이다. 그 40대에 반드시 해야 할 일들이 있음을 느끼고 이제 내가 가야 할 길을 가고 싶다.

필자가 '반드시 해야 할 50가지'를 정했듯이 독자들 스스로가 이 책을 다 읽었거나 중간쯤 읽었을 때 스스로 정할 수 있세 될 것이다. 그것이 이 책의 목적이다. 40대들이 스스로 자신이 반드시 해야 할 50가지를 정하도록 하는 것, 바로 그것이다.

" 모든 것의 시작은 위험하다. 그러나 무엇을 막론하고, 시작하지 않으면 아무것도 시작되지 않는다."

프리드리히 니체의 말처럼 위험하지만, 아무것도 시작하지 못하는 40대보다는 무엇을 막론하고 시작하는 40대가 내 눈에는 위대해 보인다.

" 인생의 성공과 실패는 40대에 결정된다."

인생은 40대 부터가 진짜 인생이다. 40대에 접어들면서 수많은 도전을 할 수 있다. 40대에 접어들면서 우리는 새로운 인생 후반기를 힘차게 시작할 수 있다. 40대는 제 2의 청춘이며, 새로운 삶의 첫 번째 청춘이다.

20대와 30대는 내 마음대로 선택하고 실천할 수 없었다. 40대야말로 내 마음대로 선택하고 실천할 수 있는 최고의 시기이다. 또한 40대는 마지막 남은 가장 젊은 도전과 모험의 시기이다. 40대야말로 인생이 무엇인지 조금 보이기 시작하는 매우 중요한 시기이다.

40대야말로 내 자신이 가장 잘 하는 것이 무엇인지 알 수 있는 시기이다. 우리의 20대와 30대가 실패로 얼룩져 있든, 찬란한 성공으로 눈부시든 그것은 하나도 중요하지 않다. 가장 중요한 것은 40대의 눈부신 성공과 가치 있는 실패이다.

40대는 제대로 살아갈 수 있는 최고의 신체적 사회적 정신적 조건을 갖춘 가장 젊은 시기이다. 40대에게는 인생의 쓴맛, 단맛, 뜨거운 맛, 더러운 맛, 차가운 맛을 모두 겪고서 살아남은 내공이 있다.

그렇기 때문에 40대는 무엇이든 즐길 수 있는 자격이 있다. 그렇기 때문에 40대는 무엇이든 도전할 수 있는 정신이 있다. 그렇기 때문에 40대는 가장 찬란한 인생의 절정기인 것이다. 그렇기 때문에 40대는 허투루 보낼 수는 없는 최고로 소중한 시기인 것이다.

지금까지는 타인의 생각과 시선에 좌우된 남의 인생을 살았다면, 40대는 다른 사람이 아닌 오직 자기 자신의 인생을 주도적으로 살아 갈 수 있는 시기이다 40대, 인생의 진짜 승부는 시금부터다!

인생의 클라이맥스는 40대이다. 40대여! 도전하고 혁신하고 즐기고 누려라. 날마다 가슴 뛰는 삶을 향해 날아올라라. 40대인 그대는 해 낼 수 있다.

프롤로그_ 40대는 인생을 결정짓는 가장 중요한 시기이다.

제5장. 삶의 온도를 높여 보자.

가슴 뛰는 인생 후반전을 위해 21.

삶의 온도를 높여 보자.

가슴 뛰는 인생 후반전을 위해 22.

남자의 자격에 한 번 정도는 꼭 출연 해 보자.

가슴 뛰는 인생 후반전을 위해 23.

자신에게 인생 최고의 선물을 선사해 보라.

가슴 뛰는 인생 후반전을 위해 24.

단순한 삶의 방식을 추구해 보자.

가슴 뛰는 인생 후반전을 위해 25.

한 번쯤은 예술가가 되어보자.

제6장. 자신의 삶을 이야기로 만들어 보자.

가슴 뛰는 인생 후반전을 위해 26.

자신의 일상을 축제로 만들어 보자.

가슴 뛰는 인생 후반전을 위해 27.

자신만의 버킷리스트를 작성해 보자.

가슴 뛰는 인생 후반전을 위해 28.

혼자서 노는 법 10가지를 만들어 보자.

가슴 뛰는 인생 후반전을 위해 29.

자신의 삶을 이야기로 만들어 보자.

가슴 뛰는 인생 후반전을 위해 30.

캠핑카를 이용하여 가족 여행을 떠나 보자.

에필로그_ 눈부신 인생 후반을 위하여.

승자는 문제 속에 뛰어 든다.

패자는 문제의 변두리에서만 맴돈다.

– 빅토르 위고 –

제5장. 삶의 온도를 높여 보자.

“ 인생의 목적은 끊임없는 전진에 있다. 앞에는 언덕이 있고, 시내가 있고 진흙이 있다. 걷기 좋은 평탄한 길만 있는 것은 아니다. 먼 곳으로 항해하는 배가 풍파를 만나지 않고 조용히 갈 수만은 없다. 풍파는 언제나 전진하는 자의 벗이다. 풍파 없는 항해는 얼마나 단조로운 것인가. 고난이 심할수록 나의 가슴은 뛴다.”

< 니체 >

가슴 뛰는 인생 후반전을 위해 21. 삶의 온도를 높여 보자.

40대 중년의 삶에 위기가 찾아오는 이유는 20대의 뜨거운 삶과 30대의 살짝 뜨거운 삶이 끝났기 때문이다. 40대 중년은 40대만의 가슴 설레는 뜨거운 삶을 살아가야 한다. 그 때 모든 중년의 위기가 오뉴월에 눈 녹듯 녹아서 사라질 것이다.

물이 끓기 위해서는 100도가 되어야 한다. 99도까지 아무리 가열해도 끓지 않는 다. 1도 더 높아진 것 때문에 변화가 창출되는 것이다. 우리의 인생도 이와 같을 수 있다. 당신이 열심히 살아왔는데도 인생에 큰 변화가 없다면 그것은 당신의 인생의 온도가 99도 정도에서 계속 지속되어 왔던 것인지도 모른다.

딱 1도만 더 인생의 온도를 높여 보자. 그 1도의 차이가 어마어마한 차이를 만들어 낼지도 모른다. 우리 몸의 체온이 1도만 높아져도 면역력이 엄청나게 향상 된다. [체온1도 올리면 면역력이 5배 높아진다]란 책의 저자인 일본의 의학박사인 이시하라 유우미 박사의 주장에 따르면 '체온이 1도 떨어지면 면역력은 30%가 약해지고, 체온이 1도 상승하면 면역력이 5배에서 6배 정도 상승한다.' 고 한다

[체온 1도가 내 몸을 살린다]란 책의 저자인 사이토 마사시 체온 1도가 높아지면 우리는 더 건강하게 살아갈 수 있다고 한다. 즉 체온 1도가 건강을 결정한다는 것이다. 그래서 감기가 오려고 몸이 으스스 해질 때는 욕조 목욕을 하여 체온을 상승시키면 탁월한 효과가 있다고 한다.

현대인들이 가장 무서워하는 암은 35도의 저체온에서 가장 잘 증식을 한다. 그래서 체온을 1도만 올리면 감기조차 걸리지 않는 건강한 몸이 된다. 이와 마찬가지로 우리의 삶의 온도를 1도만 높이면 우리의 삶은 우울증이나 좌절감이나 무기력으로부터 벗어나 열정적인 삶을 살아 갈 수 있다고 생각한다.

바로 이런 점에서 열정을 가지고 뜨겁게 살아가는 사람들이 더 건강하고 더 활기차고 더 성공적이고 더 행복하게 살아가는 것이라고 말할 수 있지 않을 까? 삶의 온도를 1도만 더 높이는 사람들은 나이가 40이라도 절대 성장을 멈추지 않는 다. 이들은 하루하루 성장하며 활기차게 살아간다. 그 결과 젊음도 얻게 되는 것이다.

'모든 위인들의 삶이 우리에게 말해주는 것은 우리도 장엄한 삶을 이룩할 수 있다는 것,' 이라는 멋진 문장을 내포하고 있는 시, '인생 찬가' 로 우리에게 익숙한 미국의 시인 헨리 롱펠로우는 어느 날 친구를 만났는데, 그 친구가 이런 질문을 했다고 한다.

" 여보게, 친구! 자네는 여전히 젊군 그래, 자네가 이렇게 젊어 보이는 비결은 무엇인가?"

이러한 질문을 받은 롱펠로우는 다음과 같은 대답을 해 주었다고 한다.

" 저 나무를 보게나. 늙은 나무일지라도 저렇게 꽃을 피우고 열매도 맺는다네. 그것이 가능한 것은 저 나무가 매일 조금이라도 성장하고 있기 때문이지, 나 역시 그렇기 때문이야. 나이가 들었다 해도 날마다 성장한다는 마음가짐으로 지낸다네."

결국 남들보다 1도 정도 뜨겁게 살아가는 사람들은 남들보다 더 늙지 않는 다. 인생의 온도는 우리의 마음의 상태를 대변해 주는 것인지도 모른다. 얼마나 당신이 뜨겁게 사느냐에 따라서 당신의 인생의 내용과 질이 충분히 바뀔 수 있다.

삶의 온도를 딱 1도만 더 높인다 해도 우리는 새로운 삶을 실아갈 수 있게 된다. 삶의 온도가 높은 사람일수록 타인에 대해 관심과 배려를 가지고 있다. 그런 사람은 절대 이기적이거나 개인주의적이지 않다. 자신의 뜨거움이 고스란히 타인에 대한 사랑과 이해로 이어지기 때문이다.

불행한 사람들은 삶의 온도가 매우 낮은 사람들이다. 그리고 불행한 사람들은 절대로 타인에게 관심을 가질 수 없다. 자기 자신에게 조차 차갑고 냉정한 삶을 살아가고 있는 사람들이기 때문이다. 뜨거운 사람들이 행복한 사람들인 이유는 자기 자신뿐만 아니라 타인에 대해서도 깊은 관심과 배려의 마음을 가지고 있기 때문일 것이다.

우리가 삶의 온도를 높이게 되면, 시시한 것들에 더 이상 미혹되지 않고 살아 갈 수 있게 된다. 공자가 [논어(論語)]에서 말한, '40세에는 미혹됨이 없어야 한다.(不惑)' 는 말을 제대로 실천할 수 있는 방법 중에 가장 좋은 방법은 뜨거운 열정을 가지고, 삶의 온도를 높이는 것이라고 나는 생각한다.

우리가 세상의 자잘한 것들에 미혹을 받고 흔들리고 요동치는 것은 삶의 온도가 뜨겁지 않기 때문이다. 삶의 온도를 높여서 뜨겁게 살아가는 사람들은 절대로 흔들리거나 미혹을 받거나 요동치지 않는다.

이것은 자전거 타기와 같은 이치이다. 자전거를 탈 때, 어느 정도의 속도를 유지할 때 우리는 넘어지지 않는다. 하지만 그 속도가 너무 느릴 때는 비틀거리게 된다. 이처럼 삶의 온도가 낮다는 것은 속도가 너무 느리게 자전거를 타는 것과 다를 바 없다. 이렇게 되면 아무리 자전거를 잘 탄다고 해도 비틀거리는 것을 피할 수 없게 된다.

가슴 뛰는 인생 후반전을 위해 22. 남자의 자격에 한 번 정도는 꼭 출연해 보자.

오래전에 종영된 '남자의 자격'을 보면, 아주 자주 하는 주제가 합창이다. 그래서 합창단이 되기 위해 오디션을 받으러 오는 사람들에 대해서 방송을 내 보내 준다. 너무나 다양한 스토리를 가지고 있는 사람들이 출연하여 때로는 감동을 주고, 때로는 눈물을 주고, 때로는 웃음을 주기도 한다.

이번에도 패밀리 합창단을 모집하여 지원했던 분들이 오디션을 보는 과정을 방송에 내 보내 주었다. 그것을 보면서 인생은 정말 다양한 모습을 가지고 있다는 것을 새삼 깨닫게 된다. 수천수만 명이 나온다 해도 그들의 삶의 모습은 다 제각각일 것이다. 같은 지문이 하나도 없듯이 우리의 인생도 다 다르다.

인생을 살면서, 그것도 길어진 인생을 살면서 TV에 한 번도 출연한 적이 없는 사람과 한 번이라도 출연한 적이 있는 사람은 뭔가가 달라도 다르지 않을까?

일단 가장 큰 차이점은 일에 너무 바쁜 당신에서 벗어날 수 있다는 점이다. 일상에서 지친 당신이 새로운 생활을 잠깐 해 본다는 데 의미가 있다. 그러한 특별한 경험은 삶의 활력소가 되어 준다.

TV 출연에 대해 한 번도 경험이 없는 사람들이 사실 90% 이상일 것이다. 그렇기 때문에 한 번이라도 TV 출연을 해 본 적이 있는 사람은 좋은 경험담을 가지고 있는 것이나 다를 바 없다. 문제는 새롭고 낯선 것에 도전하기 위해서는 항상 두려움을 극복하고 용기를 내어 도전해야만 한다는 사실이다.

많은 사람이 어제와 같은 오늘을 살아가고, 오늘과 같은 내일을 살아가면서 그것을 지겨워하면서도 정작 그러한 삶에서 벗어나려고 하면 그것을 두려워하는 것이 인간의 이중적인 심리라고 할 수 있다. 하지만 낯설고 위험한 것에 대해 도전을 많이 할수록 인생은 풍요로워진다는 사실을 우리는 알아야 할 것 같다.

한 번도 해 보지 않았던 것을 새롭게 경험한다는 것은 인생이란 거대한 숲에서 한 번 정도 빠져 나와 높은 곳에서 그 세상을 바라보는 것과 같다.

우리가 한 번쯤은 우리가 열심히 정신없이 그렇게 살아가던 거대한 숲에서 빠져 나와 자기 자신과 세상을 바라보아야 하는 이유는 그렇게 함으로써 삶이란 것이 다른 사람과의 경쟁이 아닌 스스로 새로운 인생을 개척해 나가는 여정이라는 사실에 대해 깨닫게 될 수 있는 기회를 제공하기 때문일 것이다.

우리가 나이를 먹으면서 가장 두려워해야 하는 것 중에 하나가 실패하는 것에 대한 두려움이 아니라 타인과 세상에 대하여 관심이 식는 것에 대한 두려움이어야 할 것이다. 무관심은 결국 그 어떤 애정도, 삼성노, 후회도, 기대도 가지고 있지 않다는 것을 의미한다. 가장 무관심한 존재는 생명이 없는 떨어진 낙엽일 것이다.

살아있는 잎은 비가 올 때는 비가 옴에 설레고, 햇빛이 비칠 때는 찬란한 햇빛에 열광하며 바람이 불 때는 그 바람에 장단을 맞추어 춤을 춘다. 하지만 길거리에 떨어져 있는 낙엽은 비가 오면 그저 비를 맞고, 바람이 불면 이러 저리 뒹굴 뿐 그 이상도 그 이하도 아니다.

삶의 열정은 결국 자신과 세상에 대한 관심에서 비롯된다고 할 수 있다. 그러한 관심을 통해 우리는 더욱 더 삶이 온도가 높아지기 때뮤이다. 그렇다면 TV에 한 번 정도 출연헌디는 깃은 삶에 불꽃을 피우는 것과 같을 것이다.

화려하고 눈부신 순간을 한 번 맞이하면서 우리는 새롭게 뜨거워질 수 있고, 새로운 출발을 할 수 있고, 새로운 삶에 대한 기대를 할 수 있다. 40대 중년으로 출연하기에 가장 좋은 프로그램이 '남자의 자격' 이라고 필자는 생각한다. 앞으로 어떤 주제들이 펼쳐질지는 알 수 없지만 자신에게 가장 적합한 내용의 출연자를 모집한다는 광고가 나온다면 한 번쯤 용기를 내어 보자.

가슴 뛰는 인생 후반전을 위해 23. 자신에게 인생 최고의 선물을 선사해 보라.

‘인생에는 재미있는 점이 있다. 이는 모든 걸 마다하고 최고만 받아들이려고 고집하면 대체로 최고를 얻게 된다는 것이다.’

[달과 6펜스]로 우리에게도 너무나 유명한 영국의 소설가인 서머싯 몸이 한 말이다. 필자는 이 말을 실제로 경험해 본 적이 있다. 아니 지금도 이 말을 준수하면서 살아가고 있다. 과거에는 즉 지난 40년 동안에는 적당히 살고 적당히 대우받고 적당히 일을 하고 적당히 좋으면 그것이 가장 좋은 것인 줄 알았다.

그 결과 지난 40년 동안 필자의 삶은 그저 그런 삶이었다. 적당히 하루하루 살아가는 삶은 결코 자신을 넘어설 수 있게 해주는 그 어떤 동기부여가 결여가 된 삶이었다. 그것이 40이 다 되어서 수많은 책을 통해 깨닫게 되었다. 물론 필자는 어리석고 둔한 면이 있어서 수많은 책을 읽고서야 그것을 깨닫게 된 것인지도 모른다.

하지만 필자가 깨달은 것은 ‘최고를 고집할 때 최고가 될 수 있다' 는 사실이었다. 몇 번 필자는 본인의 졸저를 통해 지난 40년 동안 살면서 한 번도 부자가 되어 보겠다거나 최고가 되어 보겠다거나 행복하게 살아 보겠다고 결단한 적이 없다는 사실에 대해 언급을 한 적이 있다. 말 그대로 나는 그 어떤 목표도 없이 그저 하루하루 열심히 살았던 대표적인 사람이다.

덕분에 4년제 대학에 입학할 수 있었고, 대기업에 취직할 수 있었고, 십 년 이상 직장 생활을 해 낼 수 있었다. 하지만 목표도 없이, 그 어떤 결단도 없이 살아가는 삶은 결국 공허한 삶이라는 사실을 깨닫게 되었다.

'목표가 없는 사람들은 목표를 가진 사람들의 지시를 받아야 할 것이다.'

라는 사실에 대해 필자는 깨닫게 되었다. 그러고 보면 과거의 삶은 목표를 가진 사람들, 동기들, 선후배의 지시나 조언을 따라서 살아왔던 것 같다. 40대가 되어 이제는 목표를 가지게 되었다. 그러고 나자 내가 타인에게 조언을 해 주고, 지시를 해 주는 삶이 되었음을 깨닫게 되었다.

결론은 이것이다.

우리가 수동적인 삶을 살아가는 이유는 스스로 능동적인 삶을 선택하지 않았기 때문이다. 우리에게 능력이나 재주가 부족해서 남들의 지시를 따르는 수동적인 삶을 살아가는 것은 아니었다. 우리에게 결여된 것은 능동적인 삶을 이끌어 주는 목표의 부재였던 것이다.

그런 점에서 필자는 가슴 뛰는 인생 후반전을 위해 40대 중년들은 가장 먼저 자기 자신에게 인생 최고의 선물을 선사해 보라고 권하고 싶다. 자신의 수동적인 삶을 살아왔다면 자기 자신에게 선사할 수 있는 인생 최고의 선물은 매우 한정적이 될 것이다. 반면에 자신이 능동적인 삶을 살아왔다면 인생 최고의 선물은 엄청난 것이 될 수 있을 것이다.

필자는 40이 되면서 자신에게 인생 최고의 선물로 능동적인 삶을 선사했다. 그리고 그것이 바로 직장 노예의 삶에서의 탈출을 과감하게 실행한 것이었다. 그러고 나서 3년 동안의 백수의 삶은 세상의 잣대에서는 백수의 삶이었지만 개인적인 잣대로 볼 때는 가장 화려하고 눈부신 인생의 시기였다.

3년 동안 세상이 말하는 식업도 가지지 않고 생계를 위해 일도 하지 않고 오롯이 도서관에서 온종일 책만 보며 사는 즐거움을 그 어떤 인간이 누려봤을까? 이것이 인생 최고의 선물이었던 것이다.

내가 내 자신에게 선사한 인생 최고의 선물은 놀랍게도 기적을 만들어 주었다. 상상도 해 보지 못한 작가라는 근사하고 멋진 직업 세계로 나를 인도해 주었던 것이다. 직장 노예로 하루하루 윗사람이 정해주는 프로젝트와 일을 쉼 없이 하던 그 시절과 하루하루 새로운 콘텐츠를 창조해 나가면서 자신이 하고 싶은 일만 하는 이 시절은 천국과 지옥의 차이보다 더 심하다고 할 수 있다.

인생의 산전수전을 다 겪은, 그리고 40년의 세월을 살아온 것은 기적이다. 이렇게 기적을 만든 40대의 당신은 스스로에게 최고의 선물을 선사해 줄 자격이 충분하다. 그러므로 인생 최고의 선물을 스스로에게 선사 해 주도록 하자. 그것이 또한 눈부신 인생 후반전을 위한 최고의 씨앗이 될지도 모르는 일이다.

가슴 뛰는 인생 후반전을 위해 24. 단순한 삶의 방식을 추구해 보자.

우리의 삶이 버거운 이유는 무엇일까? 그것은 우리의 삶이 너무 복잡하고 너무 많은 목표와 욕심을 가지고 있기 때문일 것이다. 큰 목표를 하나 세워 놓고 욕심내거나 집착하지 않고 하루하루 열정을 불태우며 살아가는 삶은 절대 복잡한 삶이 아니라 오히려 매우 단순한 삶이다.

우리가 이렇게 단순한 삶을 살게 된다면 우리의 삶은 매우 강력해 질 것이다. 이런 삶은 반드시 성공으로 직결할 수 있다. 단순함이 최고의 경쟁력이 될 수 있기 때문이다.

단순한 삶, 심플한 삶을 사는 사람들은 대개 마음이 복잡하거나 혼란스럽지 않다. 그리고 그러한 상태는 인간이 가장 창조적이며 에너지가 넘치는 상태이다. 그래서 이런 삶을 평소에 살아가는 사람들은 매우 생산적인 삶을 살아갈 수 있다.

심플한 삶이 방식을 추구하는 사람들은 알 수 없는 매우 놀라운 힘이 생긴다. 그 힘은 단순함에서 나오는 에너지이다 우리의 몸과 마음이 집중됨으로써 우리는 우리 자신을 넘어설 수 있게 된다. 그것이 단순한 삶의 가장 큰 장점이다.

단순한 삶을 사는 사람들은 또한 행복을 느낄 수 있는 사람이다. 단순한 삶을 살아간다는 것은 허황된 것을 쫓아서 이리저리 많은 것을 추구한다는 것과 정반대의 삶의 방식이기 때문이다.

‘심플하게 사는 것은 검소하면서도 현명하고 우아하게 살아가는 방법이다. 심플한 삶은 ’ 충분하다. ‘라는 마법과 같은 단어로 요약된다. 충분하다는 것을 개인적으로 어떻게 정의하느냐에 따라 행복의 기준도 달라진다. 모든 욕구를 충족시키려고 하는 사람에게 결코 충분함이란 없기 때문이다.’ < 도미니크 로로 , [심플하게 산다], 226쪽 >

우리는 언제나 더 많은 것을 성취하고, 더 많은 것을 알고, 더 많은 것을 소유하려고 노력한다. 하지만 그것이 과연 우리를 더 나은 사람으로 변화할 수 있게 해 주는 것일까? [심플하게 산다]의 저자인 프랑스 출신 수필가인 도미니크 로로는 적게 가지고 단순하게 살수록 삶은 더 풍요로워 진다고 역설한다.

인생을 욕망으로 가득 채우는 삶보다는 몸을 감각으로 생기있게 만들고, 마음을 감정으로 풍요롭게 만들고, 정신을 신념으로 성숙하게 만드는 삶을 살아야 하는 이유는 몸이 피곤하면 아무리 많은 것을 소유한 다해도 행복할 수 없으며, 마음이 성숙하지 못 하면 아무리 성공한다 해도 성공적이지 못 하며, 정신이 확고하지 못 하면 부침이 심한 인생에 요동치는 삶을 살 수밖에 없기 때문이다.

이 세상은 갈수록 소비를 부추기는 소비사회가 되어 가고 있다. 정신없이 성과 제일주의, 성공 지상주의에 내몰리고 있다. 그래서 우리는 알게 모르게 더 많은 것, 더 좋은 것, 더 큰 것을 성취하고, 소비하고, 가지려고 애쓰는 것인지도 모른다.

단순한 삶은 우리에게 삶의 본질과 핵심을 꿰뚫어 볼 수 있게 해 준다. 너무 많고 복잡한 것들이 우리와 우리의 삶의 본지로가 핵심을 가로막기 때문에 우리는 방황하며 살아가고 있는 지도 모른다.

행복하고 즐거운 삶은 어쩌면 단순하고 심플한 삶 속에 있는지도 모른다. 적어도 미국의 유명한 심리학자인 웨인 다이어는 그렇게 생각하고 있는 듯하다. <행복한 이기주의자>로 우리에게 널리 알려진 그는 그의 첫 번째 소설인 [행복을 파는 외계인, 미친 초록별에 오다]를 통해 그냥 단순하게 살라고 우리에게 확실한 메시지를 전해 준다.

" 당신들은 삶을 복잡하게 만들려고 한다. 아무도 이해하지 못하는 화려하고 현학적인 문구들을 써 놓고 그것을 '지성'이라고 부른다. 하지만 정말 뛰어난 작가와 예술가, 교육자들은 간단하고 명쾌하며 정확한 언어를 사용하는 사람들이다. 그냥 단순하게 살아라. 복잡함을 버리고 혼란을 제거한다면 인생을 즐기는 일이 단순하고 간단해질 것이다."

자! 그러므로 이제 우리도 단순하게 그냥 이것저것 따지지 말고 심플한 삶을 살아가 보자.

가슴 뛰는 인생 후반전을 위해 25. 한 번쯤은 예술가가 되어보자.

‘위대함의 본질은 다른 사람들이 이성을 잃고 날뛰는 상황 속에서도 차곡차곡 자기실현을 구할 수 있는 능력이다.’

전 세계 1,500만 부 이상이 판매된 미국의 심리학자 웨인 다이어의 대표작인 [행복한 이기주의자]에 나오는 말이다. 그렇다면 이 말대로 위대함의 본질이 자기실현을 꿋꿋하게 차곡차곡 구현해 나가는 능력이라면 우리는 생계를 위한 일을 벗어난 그 외의 활동을 동시에 해야 한다.

생계를 위한 직업을 가진 사람들은 그것만으로 자아실현을 하기가 사실상 불가능할 수 있다. 자아실현이란 절대로 일을 열심히 해서, 혹은 남들보다 더 잘 하기 때문에 높은 지위에 올라가고, 높은 보상을 받는다는 것을 의미하는 것과는 전혀 다른 것임을 우리는 알아야 한다.

자아실현은 돈을 위해서만 일하는 그런 직업과는 다른 성질의 것이다. 물론 돈도 벌 수 있으면서 자아실현을 할 수 있는 일들이 적지 않다. 그러한 일들을 선택한 사람들은 자신의 그 일을 통해 예술가로 거듭나도록 해 보자.

우리 모두는 천재이고, 그렇기 때문에 예술가가 될 수 있다. 이것이 나의 지론이다. 뿐만 아니라 세상의 그 어떤 천재라도 하는 일마다 천재적인 재능을 늘 발휘할 수는 없다. 만약에 그렇게 했다면 우리는 피카소가 그린 천 점이 넘는 그림을 모두 알고 있었을 것이다. 만약에 그랬다면 우리는 셰익스피어가 쓴 수많은 시를 한 번 정도는 다 접해 보았을 것이다. 만약에 그랬다면 우리는 모차르트가 작곡한 600곡 이상의 곡들을 최소한 한 번씩을 다 들어봤을 것이다. 만약에 그랬다면 우리는 프로이트가 쓴 논문 650편을 모두 한 번 정도는 읽어 보거나 그 제목들은 들어 봤을 것이다.

하지만 이 세상의 그 어떤 천재들도 항상 천재성을 발휘해 내는 것은 아니다. 만약에 그랬다면 헤밍웨이는 노인과 바다를 쓰자마자 200번이나 고쳐 쓰지 않고 곧바로 출간을 했을 것이다. 도스토옙스키는 만약에 그랬다면 20년 동안이나 무명작가로 살지 않았을 것이다.

결국 이러한 사실들은 우리에게 우리 모두는 천재성을 가지고 있으며, 우리가 알고 있는 천재들은 그러한 천재성을 일깨우기 위해 부단한 노력과 많은 실패작들을 창작했다는 사실들을 깨닫게 해 준다.

우리가 한 번쯤은 예술가가 되어야 하는 이유는 우리는 모두 천재적인 예술가의 능력을 가지고 태어났기 때문이다. 그렇게 좋은 자질을 가지고 태어났으면서 한 번도 자신에게 있는 재능을 발휘해 보지 못하고 세상과 작별을 고한다면 그것이 얼마나 큰 인생의 낭비인가를 생각해 봐야 하기 때문이다.

수백억의 돈을 잃어버리게 되면 며칠 동안 식음을 전폐하면서 안타까워하면서도 그것보다 몇 백 배 더 가치 있는 당신만의 놀라운 천재성을 단 한 번도 발휘하지 못한 채 세상과 작별한다는 것은, 당신이 그 사실을 제대로 인식하게 된다면 며칠이 아니라 평생 식음을 전폐하고도 남을 정도로 더 큰 손실이라는 사실을 우리는 왜 모르는 것일까?

그렇다면 우리는 왜 이렇게 천재성을 낭비하면서 평생 평범하게 살아가고 있는 것일까? 이러한 질문에 대해 세계에서 가장 영향력 있는 경영 구루인 세스 고딘은 다음과 같이 말한다.

" 수백 년 동안 사람들은 교육을 통해 스스로를 시스템에 끼

워 맞추도록 기만당하고 세뇌되었다. 사람들은 하루 노동을 하루 벌이와 맞바꾸는 시스템을 받아들였다. 이제 그 참혹한 시대의 종말이 바로 우리 눈앞으로 다가왔다.

당신 안에는 타고난 천재성이 잠들어 있다. 당신의 공헌은 가치 있고, 당신이 창조한 예술 또한 값지다. 오직 당신만이 할 수 있는 일이며, 또한 당신이 반드시 해야 하는 일이다. 지금 당장 일어나 선택하라. 차이를 만들어보자. " < 세스 고딘, [린치핀], 8쪽 >

우리는 모두 천재로 태어났지만, 학교와 시스템에 의해 평범한 사람이라고 주입 당했고, 세뇌 당했다. 그래서 우리는 예술가가 되고자 하는 도전을 애초부터 하지 못 했던 것이다. 하지만 아무도 하지 않은 것을 함으로써 우리는 새로운 예술가로 거듭날 수 있다.

1000년 전에는 아무도 소설을 쓰지 않았다. 누군가가 소설을 씀으로써 소설가가 생겨났다. 100년 전에는 아무도 영화를 만들지 않았다. 누군가가 그 분야를 개척함으로써 영화감독과 배우가 생겨났다. 50년 전에는 아무도 블로그를 사용하여 글을 쓰지 않았다. 10년 전에는 아무도 트위터를 사용하여 시를 쓰지 않았다.

우리에게 필요한 것은 새로운 영역에 대한 도전이며 개척이다. 그것이 혁신을 이끌어 갈 수 있다. 예술가가 된다는 것도 이와 다르지 않다. 똑같은 일이라도 새로운 형태로, 새로운 방식으로 접근해 가면서 예술로 승화시킬 수 있다. 이제 한번 도전해 보라.

“사람은 사건 때문에 괴로운 것이 아니다.

사건을 바라보는 관점 때문에 괴로운 것이다.”

– 에픽테토스 –

제6장. 자신의 삶을 이야기로 만들어 보자.

"우리를 피로하게 하는 것은 사랑이나 죄악 때문이 아니라 지나간 일을 돌이켜 보고 탄식하는 데서 온다."

– 앙드레 지드

가슴 뛰는 인생 후반전을 위해 26. 자신의 일상을 축제로 만들어 보자.

우리에게 가장 필요한 것은 생계를 위한 일을 하는 것인가? 아니면 여가를 위해 노는 것일까? 아니면 꿈을 위해 도전하는 것일까? 인생에는 정답은 없다. 하지만 자기 자신의 생각을 통해 얻은 삶의 길은 그것만으로 가치가 있을 것이다.

모든 논의를 각설하고 우리의 하루하루 일상을 축제로 만들어 보면 어떨까? 가령 아침에 일어나 출근하는 것을 하나의 이벤트로 만들어 보는 것이다. 보통 자동차나 지하철 혹은 버스로 출 퇴근을 했다면 한 번 정도는 자전거를 타고 출근을 해 보는 것이다.

필자도 역시 3년 동안 지하철을 타고 도서관에 가거나, 가까운 도서관은 걸어서 갔다. 하지만 어제는 처음으로 자전거를 타고 도서관에 갔다. 상쾌한 가을 아침에 자전거를 타고 달릴 때의 그 상쾌함은 이 세상의 그 무엇과도 바꿀 수 없는 상쾌함 그 자체였다.

지하철을 타고 갈 때, 혹은 걸어서 갈 때 그리고 자동차로 직접

운전을 해서 갈 때는 절대 로 느낄 수 없는 쾌감과 즐거움과 상쾌함은 그 무엇보다 우리의 삶을 상쾌하게 만들어 주는 일일 것이다.

점심시간에 주어지는 한 시간을 축제처럼 즐겨도 된다. 20대들은 이런 것을 엄청 좋아한다. 그래서 더 젊어지는 것이다. 40대가 되면 이런 것들에 식상해 진다. 그래서 더욱 더 필요하다. 일상을 축제로 만드는 것에는 많은 돈이 필요한 것이 아니라 젊은 사고와 그 아이디어를 행동으로 옮길 수 있는 행동력이 있으면 된다.

현대 경영의 창시자로 불릴 만큼 세계적인 경영대가 톰 피터스는 자신의 저서인 [리틀 빅 씽(The Little Big Things)]을 통해 하루 24시간 '펀'을 추구하라고 우리들에게 조언한다.

우리가 일상을 축제로 만들고, 하루 24시간 '펀을 추구해야 하는 이유는 무엇일까? 그것은 자신이 행복할 때 평소보다 더 창의적이고 의욕적이고 긍정적인 태도의 사람이 되기 때문이다. 자신이 불행하거나 침울해 있을 때는 어떤 것을 해도 의욕이 생기지 않고 재미가 없다. 그 결과 가장 창의적이지 못 한 자기 자신이 되는 것이다. 이런 사람은 어떤 일을 한다 해도 성공의 가능성이 거의 없다.

하루 24시간 '펀'을 추구하는 사람들은 활력을 얻게 되고, 즐겁게 일을 할 수 있게 된다. 일상을 축제로 만들 줄 아는 사람들은 하루하루가 즐겁고 재미있다. 그리고 그러한 재미는 결국 창의력과 생산성으로 이어진다. 이러한 사실을 기업들도 너무나 잘 알고 있기 때문에 한때 '펀(fun) 경영'이 유행하기도 했던 것이다.

인간은 원래 유희의 인간이다. 노래와 춤은 우리의 본능과 가깝다. 신나는 음악이 TV에서 흘러나오면 아무도 춤을 가르쳐 주지 않았음에도 4살 난 아들은 즐거워하고 몸을 흔들어 댄다. 그리고 그렇게 할 때 자연스럽게 입가에 미소가 흐른다. 그 때 우리의 뇌는 최고의 상태가 된다. 그래서 '잘 노는 사람이 성공하고, 노는 만큼 성공한다.'는 말이 허투루 하는 말이 아니라는 사실을 깨닫게 된다.

오늘부터라도 40대의 삶에 활력을 불어넣어주기 위해 자신의 일상 속에서 축제로 전환시켜서 즐기고 기뻐하고 누릴 수 있는 것들을 발견해 보자. 그렇게 찾으려고 하는 과정을 통해 우리는 창조적인 사람으로 거듭날 수 있게 된다.

아이들을 보면 굉장히 창조적이고, 유연한 사고력을 가지고 있다. 그리고 그렇게 될 수 있었던 근본적인 이유는 그들은 어른들보다 훨씬 더 잘 놀고, 날마다 축제를 즐기는 인간들이기 때문이다.

40대의 인생에 축제가 빠져 있다면 그것은 거품이 빠진 맥주와 다를 바 없다. 거품이 빠졌을 때 맥주는 맥주의 맛을 살릴 수 없다. 가치가 떨어지고 아무도 주목하지 않는 것은 당연한 일이다. 40대의 인생에 필요한 것은 축제다. 다시 거품을 생성시켜야 한다. 생기가 필요하다. 그러므로 당신의 일상을 축제로 만들어 보자.

하기 싫은 일을 참고 인내하면서 하는 사람은 절대 성공할 수 없다. 사는 게 재미있고 즐겁고 행복할수록 성공할 수 있는 그런 세상이 되었다. 하기 싫은 일을 참고 인내하면서 성공한 사람이 있다 해도 그 사람은 성공을 해도 재미있고 즐겁게 사는 방법을 몰라 더 공허함에 빠질 수밖에 없다.

지금 즐겁고 행복하게 살지 못하는 사람은 성공할 수도 없을 뿐만 아니라 성공한다 해도 그 성공이 아무 소용이 없을 정도로 재미없는 삶, 불행한 삶을 이어갈 뿐이라는 사실을 우리는 알아야 한다. 더 놀라운 사실은 지금 행복하고 즐겁고 재미있게 사는 사람들은 성공을 할 확률이 높을 뿐만 아니라 과정을 통해서도 충분히 즐겁고 재미있게 살아가는 사람들이다.

하루하루 일상을 축제로 만들려고 노력하라. 그렇게 노력하다 보면 조금 더 창의적인 사람이 될 수 있고, 창의적인 사람이 더 많이 성공할 수 있다.

가슴 뛰는 인생 후반전을 위해 27. 자신만의 버킷리스트를 작성해 보자.

' 당신은 살면서 인생의 기쁨을 찾았는가?'

2008년 개봉된 영화들 중에 아주 감동적인 영화인 [버킷 리스트-죽기 전에 꼭 하고 싶은 것들]에 자동차 정비사 카터 역을 맡은 모건 프리먼이 한 말이다. 대학 시절에 철학교수가 과제로 내 주었던 '버킷 리스트' 를 46년이 지나서야 떠올린 모건 프리먼은 우연히 같은 병실을 쓰게 된 너무나 다른 환경의 남자인 재벌 사업가 에드워드 역을 맡은 잭 니콜슨을 만난다.

이 두 사람은 얼마 남지 않은 시간 동안 자신이 하고 싶었던 그 일, '버킷 리스트' 를 실천하기 위해 병원을 뛰쳐나가 여행길에 오르게 된다. 그들의 버킷 리스트에는 '카레이싱과 스카이다이빙' '가장 아름다운 소녀와 키스하기' '세렝게티에서 사냥하기' 와 같은 리스트들이 있다.

인생의 산전수전을 다 겪어 보고, 이제야 인생이 조금 보이기 시작하는 나이 40대를 살아가고 있는 당신에게는 어떤 당신만의 버킷리스트가 있는가? 지금 당장 당신 만의 버킷리스트를 작성해 보자.

정말 당신의 인생에서 꼭 해 보고 싶은 것이 무엇인가?

필자의 버킷 리스트 중 하나는 '미국이나 영국의 명문대에서 졸업식 축사를 하는 것' 이다. 보통 이렇게 하기 위해서는 세계적으로 엄청난 성공을 거두어야 한다. 대표적인 인물로 스티브 잡스를 들 수 있다. 그처럼 세계적인 혁신의 아이콘이 되어야 스탠포드 대학교의 졸업식 축사를 할 수 있다.

<해리포터 이야기>로 세계적인 명성을 얻고, 엄청난 부자가 된 조엔 K. 롤링도 역시 하버드 대학교의 졸업식 축사를 했다. 위대한 정치가로 영국을 구했고, 훌륭한 저술을 집필하여 노벨 문학상까지 수상한 처칠도 명문 옥스퍼드 대학에서 졸업식 축사를 했다.

또 다른 버킷 리스트는 10년 동안 100권의 책을 출간하는 것이다. 2011년 1월에 필자의 첫 번째 책이 출간되었다. 그러고 나서 2011년 12월에 두 번째 책이 출간되었다. 물론 본격적인 전업 작가로서의 삶을 제대로 시작한 것은, 두 번째 책이 출간되면서 용기를 얻고 시작하게 되었다.

부산에 내려오고 정확히 3년이란 시간이 지난 후였다. 3년 동안은 준비 기간이었고, 제대로 시작 한 것은 2012년부터라고 할 수 있다. 2012년 1월부터 2012년 8월까지 8권의 책이 출간 되었다. 그중에는 많이 팔려서 베스트셀러가 되기도 한 책도 있고, 전혀 팔리지 않은 책도 있다.

결국 책을 완성하는 것은 작가 한 명의 힘만으로는 안 된다는 것을 느꼈다. 출판사의 마케팅 전략, 편집자들의 숨은 헌신, 표지 디자이너들의 감각, 탁월한 책 제목, 무엇보다 시대를 잘 만나야 하기에 가장 좋은 타이밍 등이 한 권의 책을 완성하는 여러 가지 변수인 것이다.

지금까지 해 오던 대로 하면 일 년에 12권의 책을 출간하는 것은 꿈이 아니라 현실이 되었다. 문제는 지구력이다. 끈기 있게 10년 동안 실천해야 한다. 그렇게 하기 위해서는 지구력이 있어야 하고, 지구력을 기르기 위해 운동을 해야 한다.

또 다른 버킷 리스트는 누군가에게 선물이 되는 삶을 사는 것이다. 내 삶이 누군가에게 선물이 될 수 있다면 그것만큼 멋지고 의미 있는 삶이 또 있을까? 내가 쓴 책이 누군가에게 큰 힘과 용기를 준다면 그것이 또한 선물일 것이다. 그렇게 되기 위해 지금보다 더 감동적이고 좋은 책을 쓰기 위해 노력해야 한다. 좋은 책을 쓰기 위해 좀 더 많은 책을 읽고, 좀 더 많은 사유를 하고, 좀 더 많은 통찰력을 키워야 한다. 그렇게 하기 위해 지금보다 몇 배 더 많은 책을 읽어야 한다. 그렇기 때문에 현실에 안주할 수 없다. 10권 정도의 책을 출간한 작가가 되었다고 자만할 수는 없다.

이처럼 버킷 리스트를 작성하게 되면, 그것을 달성하기 위해 필요한 것이 무엇인지, 그리고 지금 당장 무엇을 준비하고, 어떤 삶을 살아가야 하는가에 대해 깊게 성찰해 볼 수 있고, 준비할 수 있게 된다. 바로 이러한 유익함 때문에 버킷 리스트를 작성해 보라고 하는 것이다.

뭔가를 하고 싶다고 해서 그것을 당장 할 수 있는 것일수록 가치가 떨어지는 것이다. 하지만 뭔가를 하고 싶지만 지금 당장 할 수 없고 오랜 준비와 시간과 노력이 필요한 것일수록 가치가 있는 것이며 아무나 쉽게 할 수 있는 것이 아니다. 그렇기 때문에 40대의 중년의 시기에 50년 후에 반드시 하고 싶은 것들이나 평생 차곡차곡 실천하면서 완수해 가야 할 수 있는 것들에 대해 버킷 리스트를 작성해야 할 필요가 있는 것이다.

가슴 뛰는 인생 후반전을 위해 28. 혼자서 노는 법 10가지를 만들어 보자.

당신은 혼자서 노는 법을 알고 있는가? 당신만의 혼자서 노는 법을 10가지 정도만 가지고 있다면 당신의 노년은 생각보다 나쁘지 않을 수 있다. 하지만 혼자서 노는 법을 한 가지도 가지고 있지 않은 사람이 바로 당신이라면 당신은 지금부터 혼자서 노는 법을 만들어야 한다.

랄프 왈도 에머슨은 '노는 법을 아는 것은 행복한 재능이다.' 라고 말한 적이 있다. 그의 말은 매우 심오한 의미를 우리에게 깨닫게 제공해 준다. 성공하는 법을 아는 것은 성공적인 삶을 살아갈 수 있게 해 주는 재능이라고 할 수 있다. 하지만 아무리 성공을 한다 해도 그것이 곧바로 행복한 삶이라고 말할 수는 없다.

행복과 성공은 동의어가 아니다. 오히려 성공과 행복은 전혀 다른 말일 수 있다. 성공하기 위해서는 일을 해야 하지만, 행복하기 위해서는 일보다는 놀아야 하기 때문이다. 너무 많은 시간을 일만 하는 한국인들은 일은 능숙하게 잘~ 할지 몰라도, 잘 놀지 못한다. 그래서 기껏해야 단란주점에 가서 술을 잔뜩 마시고, 흥청망청하며 노래하는 것이 노는 문화의 전부라고 해도 과언이 아니다.

잘 놀지 못 하니까, 단란주점, 노래방, 고스톱, TV 예능 프로그램 등이 한국에서는 대박을 치는 것이다. 우리가 혼자서 잘 노는 방법을 가지고 있다면 이런 업소들이 잘 될 수가 없다. 그런데 한국에서는 이런 술집들이 장사가 잘된다. 노는 방법을 잊어버린 어른들이 한국 사회에 너무 많기 때문이다.

한국 사회가 이렇게 된 것은 기업과 학교에 그 책임이 있다. 물론 부모의 책임도 있다. 학교와 기업은 공부를 잘하는 법, 일을 잘하는 법에 대해서만 가르쳐 주기 때문이다. 삶에 활력이 되고, 균형이 되고, 재충전과 휴식이 되는 노는 방법에 대해서는 절대 가르쳐 주지 않는다. 그렇다고 집에서 부모님을 통해 배울 수 있는 것도 아니다. 부모들도 노는 방법을 모르기 때문이다.

술집에 가서 술을 마시거나 노래방에 가서 노래하거나 고스톱을 치는 것이 노는 문화의 전부인 한국 사회에서 가장 시급한 것은 제대로 잘 노는 방법에 대한 연구여야 한다. 하지만 한국 사회가 이렇게 변화되어 우리가 그 방법을 전문가로부터 배울 수 있는 사회가 될 것이라고 기대는 해 볼 수 있지만 실현이 되기에는 몇 십 년은 족히 걸릴 것 같다.

그렇기 때문에 지금 40대인 우리가 해결책으로 내세울 수 있는 해답은 스스로 노는 법을 만들어 나가는 것이다. 한국 사회에서 40대의 중년 남자가 혼자서 재미있고 즐겁게 모든 걱정과 근심을 다 내려놓고 신나게 놀 수 있는 방법은 무엇일까? 그렇게 신나게 놀고 나면 새로운 삶의 활력이 생기고 생기가 돌게 된다. 하지만 우리는 한 번도 이러한 제대로 놀지 못했기 때문에 만성 피로와 우울증과 만성 스트레스 속에서 살아가고 있는 것이다.

네덜란드의 문화사학자 요한 하위징아는 인간은 유희(유희)하는 인간이라는 뜻의 호모 루덴스(homo ludens)라는 개념을 제창한 바 있다. 놀이는 문화보다 더 오래 된 것이며 문화 그 자체가 놀이의 성격을 가지고 있는 놀이의 한 요소이며, 놀이는 인간의 뿌리라고 그는 말한다. 그래서 자신의 업무에서 가장 생산적이고 창의적으로 일을 해내는 사람들을 살펴보면 자신의 일을 어느 정도 놀이로 생각하며 즐기는 사람들이라는 공통점을 발견해 낼 수 있는 데 이것은 바로 이러한 특징 때문이다.

“ 놀이는 자발적 행위이다. 놀이에 의무나 강제적 명령이 부

여되는 순간 그것은 더 이상 놀이가 아니다. 놀이는 무언가를 위해 행해지는 것이 아니다."

그가 놀이에 대해 내린 정의이다. 즐거움과 흥겨움을 동반하는 가장 자유롭고 해방된 활동을 하지 않고 시키는 일만 하면 개도 미친다. 현대 사회에 정신병자와 우울증 계통의 신경 정신과를 찾는 환자들이 급증하는 이유가 바로 이것이다. 한 마디로 '놀지 못 하기 때문'이다. 그러므로 이제부터 혼자서라도 잘 노는 방법을 만들어야 한다. 그것도 혼자서 노는 법 10가지를 말이다.

가슴 뛰는 인생 후반전을 위해 29. 자신의 삶을 이야기로 만들어 보자.

인생 최고의 정점을 살아가고 있는 40대 중년들에게 정말 해주고 싶은 말이 있다면, 평생 일자를 찾는 데 집중하라고 말하기 보다는, 평생 먹고 살 수 있는 돈을 버는 데 집중하라고 말하기보다는, 안전한 노후 대책을 확실하게 마련하라고 말하기보다는, 자신의 삶을 하나의 스토리로 만들어 보라는 말이다.

지금 한국 사회에 중년들에게 필요한 것은 평생 일자리도, 안정된 노후도, 평생 먹고 살 수 있는 돈도, 남들이 다 인정해 주는 높은 지위도 아니다. 이러한 것들이 있다면 좋겠지만 이것보다도 더 중요하고 더 필요한 것이 있다. 바로 자기만의 인생 스토리인 것이다.

40년의 인생을 살아왔고, 앞으로도 그 이상을 살아가야 할 40대 중년이라면 최소한 자신의 인생 스토리를 흥미진진하게 멋지게 남들 앞에서 이야기할 수 있을 정도의 인생 스토리, 자기 자신만의 스토리를 가지고 있어야 한다. 그것이 멋진 인생이다.

필자가 안타까워하는 것 중에 하나가 서점에 가 보면 돈을 비는 재테크 방법, 평생 일자리를 구하는 방법, 창업하는 방법 등과 같은 종류의 책들이 너무 많다는 것이다. 상대적으로 자신만의 멋진 삶을 살아나갈 수 있는 방법을 제시해 주는 그런 책들은 적다는 것이다.

우리 한국 사회는 너무 서글프다. 학창 시절에는 대학 입시에 목을 매고, 온통 그 얘기뿐이고, 모든 관심이 그것에 쏠린다. 대학 시절에는 온통 취업에 쏠린다. 그리고 그것은 취업한 이후에는 집을 사는 문제, 승진하는 문제로 이어진다. 그리고 중년이 되면 평생 일자리를 찾는 문제, 노후를 안전하게 준비하는 문제, 평생 먹고 살 수 있는 돈을 버는 문제로 이어진다.

이래서 한국인들은 불쌍한 민족이다. 아무리 잘 살고 경제 성장을 한 들 자살률이 세계 최고이고, 이혼율도 그에 버금가는 사회는 행복한 사회가 아닌 것이다. 자살하지 않고 이혼하지 않았다고 다 승자가 되는 것은 아니다.

이러한 한국 사회를 변화시키기 위해서는 평생 일자리를 찾고, 돈을 벌고, 안정된 노후를 준비하는 것에 대한 책보다는 인생을 좀 더 멋지고 눈부시게 살아갈 수 있도록 제시해 주고, 참 된 인생이 어떤 삶인지를 보여주는 그런 책들이 많아야 한다.

가슴 뛰는 인생 후반전을 위해서 40대들이여 자기만의 멋진 독특한 인생 스토리를 만들어 나가 보자. 그래서 남들 앞에서 자신만의 멋진 인생 스토리를 얘기 할 수 있는 사람이 된다면 그 사람은 정말 참 된 인생을 살았다고 할 수 있을 것이다.

필자가 지금까지 살아오면서 느낀 사실 중에 하나는 직장에 목을 매는 사람은 반드시 직장에서 쫓겨나고, 평생 일자리에 목을 매는 사람은 반드시 평생 일자리를 만들지 못 한다는 것이다. 여자에 목을 매는 남자는 반드시 그 여자한테 차이고, 돈에 목을 매는 사람은 반드시 가난해진다는 것이다.

이러한 사실과 대조적으로 돈이 아닌 자신이 좋아하는 일에 목을 맨 사람은 결국 돈도 많이 벌게 되고 더 큰 성공을 하고, 여자한테 목을 매지 않고 자신의 일을 열심히 하는 사람에게는 여자들도 줄을 서고, 먹고 살 것에 대해 걱정해서 평생 일자리에 목을 매지 않고, 자신의 꿈을 과감하게 펼친 사람에게는 너무나도 멋진 평생 일자리가 생긴다는 것이다.

생각해 보자. 아무리 좋은 평생 일자리가 있고, 많은 돈을 벌었고, 든든한 노후 대책을 만들어 놓았다고 해도 그것으로 멋진 인생을 살았다고 할 수 있을 까? 누군가에게 자신의 인생 스토리를 얘기할 것이 하나도 없는 사람들은 정말 불쌍한 사람들이다. 하지만 자신의 파란만장한 인생 스토리를 말 할 수 있는 사람들은 정말 멋진 사람들이다. 그것도 자신의 스토리가 풍부하고 다채롭고 많을수록 말이다.

30대까지는 세상이 시키는 대로, 타인이 이끄는 대로 살았다고 해도, 40대 부터는 자신만의 삶을 살아가야 한다. 그런 주도적인 삶 속에서 인생 이야기가 만들어 지는 것이다. 그렇기 때문에 결국 자신의 삶을 이야기로 만든다는 것은 타인이 한 번이라도 걸어갔던 길을 무작정 따라 가는 삶이 아니라, 자신만의 길을 스스로 개척하고 만들어 나간다는 것을 의미한다.

타인의 삶을 쫓아가면서 타인의 길을 걸어간다는 것은 부끄러운 일이다. 자신이 이 세상에 태어난 존엄한 존재, 특별한 존재라는 사실을 스스로 부정하는 것과 진배없기 때문이다. 68억 인구가 있다면 68억 개의 서로 다른 독특한 인생 스토리가 있어야 그 세상이 제대로 된 세상이다. 하지만 평범함에 목을 맨 너무나도 많은 사람들 때문에 인생 스토리가 획일화되고, 평준화되어 가고 있다. 특히 산업화 시대에는 이러한 경향이 심했고, 지금 한국 사회는 좀 더 심하다.

청소년들 대부분은 대학 입시가 최고의 목표이고, 직장인 대부분은 평생 일자리가 최고의 목표이다. 대학생들은 취업이 최고의 목표이다. 이런 사회, 이런 삶에는 그 어떤 열광도, 감흥도, 전율도 없다.

우리의 삶에 전율이 없고, 가슴 떨리는 기대가 없고, 피 끓는 자신만의 꿈이 없다면 그것은 자신의 인생을 하나의 스토리로 만들어 낼 수가 없을 것이다. 자신의 인생을 스토리로 만들어 내지 못하는 인생은 그렇기 때문에 무미건조하고 지루하고 식상한 그저 그런 인생에 불과하게 되는 것이다. 그런 인생을 살아가는 사람들은 보나 마나 지루하고 식상한 평범한 인생을 살아가고 있을 것이다.

가슴 뛰는 인생 후반전을 위해 30. 캠핑카를 이용하여 가족 여행을 떠나 보자.

우리의 인생이 너무 무미건조한 이유는 특별한 경험이 너무 적기 때문이다. 언제나 판에 박힌 듯한 그런 틀 속에서 다람쥐 쳇바퀴 돌 듯 그렇게 살아간다. 일만 할 줄 알고 놀 줄도 모르는 한국인들은 그야말로 생활이 단조롭고 무미건조하다.

어제와 다르지 않는 오늘을 평생 반복하며 살아가기 때문에 우리의 삶이 재미가 없고, 감동이 없고, 우울증에 걸리고, 짜증이 나고, 온갖 병에 걸리게 되는 것이다. 삶의 활력이 없고, 생기가 없고, 기쁨이 없다면 아무리 돈이 많아도 그 인생은 별 볼일 없는 인생인 것이다.

특히 가족과 함께하는 다양한 경험과 추억은 우리 삶의 활력소가 되어 준다. 그런 점에서 필자는 가슴 뛰는 인생 후반전을 위해 40대 때 캠핑카라는 특별한 방법으로 가족 여행을 4박 5일 정도 떠나 보라고 권하고 싶은 것이다.

우리의 인생이 재미가 없다면 그것은 자신의 삶의 방식에 문제가 있는 것이다. 자기 자신을 위해서도 이러한 특별한 여행이 필요하다. 또한 그동안 자녀들과 가족들을 위해 알게 모르게 헌신한 아내를 위해 이러한 특별한 여행을 큰 의미와 신선함을 제공해 줄 것이다. 뿐만 아니라 아빠와 많은 시간을 놀지 못했던 아이들, 아빠를 회사에 빼앗겨 버린 아이들에게는 오롯이 아빠를 차지할 수 있는, 그리고 아빠와 함께 떠나는 캠핑카 가족 여행을 오래도록 가슴에서 지워지지 않는 멋진 추억이 될 것이다.

캠핑카 가족 여행은 매우 신선하고, 독특하고, 이색적인 경험을 우리에게 제공해 준다. 캠핑카 가족 여행과 비슷한 것이 야영지에서 텐트를 치고 숙박을 하는 것이다. 요즘은 호텔이나 모텔, 숙박 시설이 너무나 잘 되어 있어서 아이들의 경우에는 야성이 부족하다.

그렇기 때문에 텐트를 치고 숙박을 3박 4일 정도 해 보면 아이들은 지금 현재 살고 있는 집의 편리함에 새로운 감사의 마음이 생길 것이다. 동시에 텐트라는 이색적인 특별한 공간이 매우 인상적인 경험이 될 것이다.

삶의 질은 돈이나 명성, 성공에 의해 좌우되는 것이 아니라 얼마나 다양하고 풍요로운 경험이 많으냐에 좌우된다. 그것도 가족과의 행복한 추억과 경험은 삶의 질을 매우 향상시켜 준다.

가족과의 행복한 시간, 가족과의 특별한 이색 여행은 그것만큼 우리의 삶의 질을 향상시켜 주는 것은 찾아보기 힘들 정도로 매우 소중한 삶의 요소이다.

한국인들이 일만 하기 때문에 정작 삶에 대한 추억과 경험이 일 외의 부분에서는 찾아보기 힘들다. 바로 그것이 한국인들의 삶의 질을 저하하는 가장 큰 요인이라고 할 수 있다. 선진국으로 갈수록 일과 여가의 균형을 잘 이루고 있다. 이제 우리도 일과 여가의 균현을 잘 이루어야 한다. 그것이 행복하면서도 성공적인 삶을 살아갈 수 있는 가장 좋은 방법이다.

중국의 현인 장자(莊子)는 [소요유(逍遙遊)]에서 다음과 같은 유명한 말은 한 적이 있다.

" 물이 깊지 않으면 큰 배를 띄우기 어렵다."

장자의 이 말처럼 우리의 인생이 큰 인생이 되기 위해서는 우리가 경험한 것, 읽은 것, 만난 사람, 이겨낸 역경, 수많은 실패 경험 등과 같은 것들이 많아야 한다. 그런데 한국인들은 공부하고 일한 것이 압도적으로 많다. 그렇게 되면 외형적으로는 큰 인생을 살아가고 있는 듯 보이지만 실상은 기형적인 삶의 모습을 하고 있다.

인생이란 수레가 잘 돌아가기 위해서는 양쪽의 바퀴가 모두 튼튼해야 할 뿐만 아니라 무엇보다 두 바퀴의 크기가 맞아야 한다. 그런데 우리는 한쪽 바퀴를 이루는 일이란 바퀴는 엄청나게 크지만, 다른 한쪽 바퀴를 이루는 여가라는 바퀴는 엄청나게 작다. 결국 인생이란 수레는 삐걱거리게 되고 난파하게 되는 것이다.

캠핑카를 타고 가족여행을 떠나 보는 것은 반드시 마쳐야 하는 프로젝트를 마치는 것보다 더 중요한 일이라는 사실을 우리는 깨달아야 한다. 반드시 마쳐야 하는 프로젝트를 하지 못 하게 되면 다음에 또 기회가 있을 수 있고, 기회가 없다면 다른 프로젝트를 시작하면 된다. 하지만 가족과의 여행은 그때가 아니면 갈 수 없다. 자녀들은 어느새 어른으로 성장하고, 군대에 가고, 시집을 간다. 그리고 배우자와 좋은 관계일 때는 항상 있는 것이 아니다.

오늘은 어제와 분명하게 다르다. 그것이 인생이다. 그러므로 오늘 떠나는 가족 여행과 1년 후에 떠나는 가족여행은 또한 다른 것이다. 그런 점에서 이번에 가지 못한 가족 여행은 영원히 가지 못한 가족여행이 되는 것이다.

'노는 법을 아는 것은 행복한 재능이다.'

– 랄프 왈도 에머슨 –

에필로그_ 눈부신 인생 후반을 위하여.

“ 꽃봉오리가 열리고 보잘것없는 것으로부터 위대한 것이 태어나는 인생의 정점에서, 하나는 둘이 된다. 늘 우리의 내부에 존재하지만 보이지 않았던 이 위대한 모습은 대각성을 촉구하며 지금까지의 내게 정면으로 맞서 떨쳐 일어난다.”

– 카를 구스타프 융 –

이제 우리는 보잘것없는 것으로부터 위대한 것이 태어날 수 있는 인생의 정점인 40대를 살아가고 있다. 그리고 우리 내부에 존재해 왔지만, 그동안 미처 발견하지 못했던 위대한 자아를 이제는 발견해야 할 시기를 맞이했다.

이제 인생의 정점에서 우리가 해야 할 일은 위대한 인생 후반기를 위한 50년 인생 계획표를 작성하는 것이다. 그러한 행동을 통해 우리는 진정한 인생을 시작할 수 있다. 다른 사람이 시키는 일이나 하는 그런 인생을 버릴 수 있다. 온통 타인의 지문 밖에 없는 내 인생을 버릴 수 있다. 이제는 내 지문만으로 가득 찬 눈부신 인생을 살아 볼 수 있다.

이것이 40대가 누릴 수 있는 가장 큰 특권이다. 특권에는 언제나 책임이 뒤따른다. 하지만 특권은 엄청난 혜택을 우리에게 제공한다. 20대나 30대들이 도저히 가질 수 없는 인생의 내공이다. 그것은 40대들에게 엄청난 위력을 발휘할 수 있게 해 주고, 새로운 눈부신 인생을 시작할 수 있게 해 준다.

오늘은 어제와 다르며, 40대의 삶은 30대의 삶과 다르다. 그렇기 때문에 우리는 새로운 삶을 위한 변화를 시도해야 한다. 정체된 삶은 죽은 삶이기 때문이다. 변혁의 시대에 어제와 같은 삶을 산다는 것은 불타는 갑판 위에서 그대로 죽음을 기다린다는 것을 의미할 뿐이다. 생존이 가능한 삶은 그곳에서 뛰어내리는 길 뿐이듯, 변혁의 시대에 생존하기 위해서는 새로운 삶으로 변화를 추구하며 뛰어내려야 한다.

40대, 우리는 우리 자신을 혁명할 수 있다. 그것이 40대가 하지 않으면 안 될 최고의 것이다. 변화와 혁명은 더 이상 타인의 지문이 가득 한 타인의 삶으로부터 뛰어내리는 것이다. 우리는 우리 자신이 되어야 한다. 그것이 생존하고 성공하고 번영하는 가장 확실한 길이다.

우리는 눈부신 인생의 후반전을 위해 지금 이 순간, 즉 40대를 살아야 한다. 우리에게 필요한 것은 인생 후반기를 준비하는 마음과 실천이다. 제대로 된 준비를 위해서는 과거에서 뛰어내려야 하고 결별을 선언해야 한다. 과거의 삶과 과거의 생각과 과거의 습관에서 완전하게 벗어나야 한다.

우리의 뜨거운 40대의 하루하루는 모두 도약과 성장을 위한 귀중한 시간이다. 그 시간을 누군가는 따분하고 지루하게 어제와 다를 바 없는 오늘을 살아간다. 하지만 누군가는 가슴 뛰고 설레는 마음으로 뜨겁게 살아간다.

당신은 어떤 삶을 선택할 것인가? 성공적인 삶, 행복한 삶이라고 해서 결과가 좋아야만 하는 것은 아니다. 결과는 아무도 알 수 없다. 중요한 것은 하루하루의 삶이 성공적이고 행복하다면 그 인생은 멋진 인생일 것이다. 문제는 하루하루의 삶을 낭비하고 방황하고 절망하며 무미건조하게 살아가는 사람일수록 성공적이지도, 행복하지도 않다는 점이다.

활기차게 눈부신 하루하루를 살아가는 사람들은 도전하고, 열성적으로 살아가는 사람들이다. 그런 사람들은 항상 어제와 다른 자신을 창조하기 위해 노력하는 창의적인 사람들이며 어제와 다른 내일을 살기 위해 씨앗을 심는 사람들이다.

눈부시고 빛나는 인생을 산다는 것은 20대의 전유물이 아니다. 40대들은 진정 눈부시고 빛나는 인생을 살아가야 한다. 그리고 그것은 누구나 가능한 일이다. 눈부신 인생을 산다는 것은 열광하며 전율하며 무엇인가에 도전하며 성장하며 살아간다는 것이다. 그것이 없다면 인생은 아무것도 아닐 것이다.

언제나 그렇듯 가장 큰 방해물은 우리 자신이다. 우리 자신의 생각이며 잘못된 선택이다. 그러므로 그러한 과거와 익숙한 것들과 결별을 선언해야 한다. 그리고 지금 이 순간을 살아야 한다. 오늘 눈부신 하루를 살아갈 수 있다면 눈부신 인생을 살아갈 수 있다.

눈부신 인생 후반을 살아가기 위해서 무엇보다 자기 자신을 되찾아야 한다. 그것이 가장 중요하다. 가장 행복하고 눈부신 인생은 자신의 삶을 자기 자신이 되찾아 그 삶을 살아가는 것이다.

“ 어떤 개인이라도 자신의 삶을 선택하는 것이 아니라 다른 어떤 것의 삶을 선택한다면, 사리에 맞지 않을 뿐만 아니라 행복할 수도 없을 것” 이라고 고대의 철학자 아리스토텔레스는 자신의 저서인 [니코마코스 윤리학(Nicomachean Ethics)]에서 밝힌 바 있다.

40대의 중년은 반드시 자기 자신의 삶을 되찾아야 한다. 그것이 행복한 삶이며 성공적인 삶이기 때문이다. 그것뿐이다. 가장 큰 인생의 낭비는 다른 사람의 삶을 살기 위해 자신에게 한정된 주어진 아까운 시간을 낭비하는 것이다.

위대한 철학자 플라톤은 말했다. '시작이 반이다.' 라고! 자 이제 가슴 뛰는 눈부신 인생 후반전을 위해 시작해 보자. 결단하고, 도전해 보자. 사유의 경계를 넓혀보자.

삶의 온도를 높여 보자. 그리고 무엇보다 세상이 당신에게 할 수 없다고 말하는 바로 그것을 해 보자. 그리고 좀 더 많은 실패와 시행착오를 경험해 보자. 실패를 다른 시각에서 바라보자.

" 삶을 변화시키려면 지금 당장 시작하라.
이유나 변명을 달지 말고 정열적으로 삶을 살아라."

윌리엄 제임스의 이 말을 우리는 늘 되새겨야 할 것이다. 행운을 빈다.

판권

초판 인쇄: 2025년 11월 30일
초판 발행: 2025년 11월 30일

만든이: 김병완
발행인: 플랫폼연구소

출판등록: 제 2020-000075호

이메일: pflab2020@naver.com

주소:서울시 강남구 삼성동 116 백우빌딩 402호

ISBN 979-11-24195-05-5(03190)